KUBA

KARL ■ MÜLLER

HOTEL
INGLATERRA

Text
Paolo Rinaldi

Grafische Gestaltung
Anna Galliani

Übersetzung
Susanne Kattenbeck

Inhalt

1 *Die schönen Frauen Kubas waren schon immer für ihre bernsteinfarbene Haut, ihr seidiges Haar und ihr verführerisches Lächeln berühmt. Einige der schönsten kann man bei den Bühnenshows in Havannas berühmtestem Nachtklub, dem „Tropicana" bewundern.*

2–3 *In der Sierra de los Organos der westlich von Havanna gelegenen Provinz Pinar del Río liegt das Tal von Viñales. Geologisch ist es von höchstem Interesse: Das Tal war einst eine höhlenartige Formation, die sich über mehrere Tausend Hektar erstreckte. Dort gab es Hügel („mogotes"), die wie riesige Pfeiler das sukzessive eingestürzte Höhlendach trugen. Was davon übrig blieb – das Tal von Viñales – ist zauberhaft.*

4–5 *Playa Paredòn ist einer der schönsten Strände auf Kuba. Diese größte Insel eines Archipels (70 Quadratkilometer) liegt vor der Küste von Ciego de Avila. Bis auf Cayo Coco und Cayo Guillermo, wo es mittlerweile Touristenunterkünfte gibt, sind diese Inseln unbewohnt und völlig unberührt. Die Auswirkungen des Tourismus auf die Umwelt werden von Wissenschaftlern der Universität Havanna streng kontrolliert.*

6–7 *An Havannas Parque Central mit dem Denkmal von José Martí liegen einige Gebäude aus dem 19. Jahrhundert, darunter das Hotel „Inglaterra". Hinter ihnen erhebt sich die Kuppel des Capitolio Nacional.*

8 *Das Gran Teatro ist ein auffälliges Gebäude in eklektischem Stil (mit Elementen aus Gotik und Renaissance), mit mehreren Säle, darunter der García-Lorca-Saal. Die Einheimischen nennen das ganze Theater Garcia Lorca. Es ist die Heimstätte von Kubas Nationalballett.*

9 *Zu den Naturwundern im Tal von Viñales gehören auch der malerische Wasserfall bei Soroa im Westteil von Pinar del Río, die Cueva del Indio (eine von einem unterirdischen Fluss durchströmte Höhle), die Cueva de San Miguel und der Paredòn del Eco, wo Besucher, die einen Hügel erklimmen, mit dem Echo ihrer eigenen Stimmen belohnt werden. Die Zeichnung auf der dem Felsen namens Mural de la Prehistoria ist in Wirklichkeit eine moderne Darstellung der Weltgeschichte.*

Via C. Sassone 22/24
13100 Vercelli, Italien

2003 Herausgegeben in Deutschland
von Verlag Karl Müller GmbH
www.karl-mueller-verlag.de

ISBN 3-89893-579-5

Gedruckt in Singapur

10 oben *Das Luftbild von Havanna zeigt den mit Wolkenkratzern gespickten Stadtteil Vedado. Mit ihren 2 Millionen Einwohnern breitet sich die Stadt von der Bucht aus. Sie bedeckt eine riesige Fläche, doch die touristischen Sehenswürdigkeiten konzentrieren sich im Zentrum. Den Stadtkern bilden die Bezirke Vedado, Habana Vieja und Habana Central (Ost-West-Ausdehnung 6 Kilometer).*

10 unten *Ein Luftbild des Touristendorfs Cayo del Coco: Es liegt auf der gleichnamigen Insel und ist durch eine Dammstraße mit der Kleinstadt Moron an der Küste der Provinz Ciego de Avila verbunden. Das extrem komplexe und empfindliche Umweltgefüge der Cays wird heute durch strenge Verordnungen geschützt.*

11 oben *Trinidad in der Region Sancti Spiritus wurde 1514 von den Spaniern gegründet. Im 18. Jahrhundert war es ein wichtiges Zentrum des Tabak- und Zuckerrohrhandels. Später aufgegeben, war es bis 1920, als die Eisenbahn nach Placetas in Betrieb ging, vom Rest der Welt abgeschnitten. Die Restaurierung der Kolonialbauten begann 1967, und 1988 wurden sie Teil des UNESCO-Kulturerbes.*

11 unten *Die Sierra del Escambray zwischen Cienfuegos und Trinidad ist ein zerklüftetes Bergland mit hohen Gipfeln und steilen Hängen. Hier waren die Verkehrswege schon immer schlecht und die Region diente bewaffneten Guerillagruppen häufig als sicherer Zufluchtsort.*

12–13 *Im Tal von Viñales in der Provinz Pinar del Río besitzt ein Vaquero – so heißen Kubas Tabakpflanzer – meist 650 bis 690 Hektar Land: Pro Hektar wachsen etwa 990 Tabakstauden, die jeweils sechs Zigarren liefern. Die Besitzer kleiner und mittelgroßer Plantagen steuern über 80 Prozent zu Kubas Tabakproduktion bei.*

14–15 *Selbstbewusste Frauen heiraten auf Kuba ausnahmslos in langen weißen Brautkleidern, die junge Modeschöpfer liefern, deren Kreationen heute hoch geschätzt sind. Ein Muss ist auch der traditionelle Brautwagen, ein Buick oder Studebaker aus den 1950er-Jahren mit der bewundernswerten Aerodynamik.*

16–17 *Im 19. Jahrhundert waren Kubas Zuckermühlen als „ingenios“ bekannt. Auf der Ebene von San Luìs unweit der Stadt Trinidad findet man noch heute die Ruinen von über 100 „ingenios“. In geringer Entfernung ragt inmitten der Felder ein anderes surreales Wahrzeichen empor, die Torre de Iznaga. Das 50 Meter hohe Gebäude im klassizistischen Stil war ein Wachturm zur Kontrolle der auf den Feldern schuftenden Sklaven.*

DeLuxe

COLECTIVO
TRADICION
HEROICA
QUINQUENIO
1976 - 1980

Einleitung

Mehr als 500 Jahre sind vergangen, seit Christoph Kolumbus die Küste Kubas sichtete und erklärte, er habe niemals einen schöneren Ort gesehen. Noch heute sind Reisende vom Licht, den Farben und den pulsierenden Rhythmen dieses zauberhaften Landes überwältigt.

Kuba ist die größte der Inseln, die den Golf von Mexiko säumen, liegt im Karibischen Meer und ist 1 194 Kilometer lang. Es ist von fünf Archipelen, bestehend aus über 4000 Koralleninseln, umgeben; Camagüey ist der zweitgrößte der Erde. Nur zwei Inseln vor der Südküste sind bewohnt: Cayo Largo und Isla de la Juventud (früher Isla de Pinos) im Canarreos-Archipel, die größte der vorgelagerten Inseln. Dank ihrer einsamen Strände und Korallenbestände (darunter auch seltene Schwarzkorallen) sind die Inseln beliebte Ziele für Touristen aus aller Welt und werden von Tauchern, Segelfans und all jenen aufgesucht, die die einfachen Freuden des Lebens schätzen.

Die an Kubas Karibik- und Atlantikküste aufgereihten Cays sind geologisch jung und gelten als Barriereinseln: Manche bestehen aus Fels- oder Korallensandablagerungen, andere entstanden, als Mangroven ihre Wurzeln in den schlammigen Grund senkten und so mithilfe des Windes neues Land schufen. Hier kann man von „wandernden Inseln“ sprechen, die sich am besten mit für derart seichte Gewässer geeigneten Katamaranen erkunden lassen. Auf den Inseln gedeiht üppiges Grün. Die Natur hat sich dort seit den Tagen der ersten Kolonisten kaum verändert. Wenn keine Zuckerrohrplantagen angelegt wurden, sind die Berge mit Wald bedeckt, während man auf den Hügeln der Sierras Tabak anbaut. Weite Landstriche dienen heute als Refugien für bedrohte Tierarten. Neben diesen Nationalparks hat Kuba vier unter der Kontrolle der UNESCO eingerichtete Biosphären-Reservate.

Als Kolumbus auf Kuba landete, lebten dort die Indianerstämme der Guanahatabey, Siboney und Taino. Die einheimische Bevölkerung wurde in wenigen Jahrzehnten dezimiert. Von den 100 000 Indianern, die Kuba zu Beginn der Eroberung bewohnten, überlebten ganze 5 000. Die Kolonialzeit dauerte von 1510 bis 1902. Damals erklärte Kuba sich nach Kämpfen, die 1868 ausgebrochen waren, von Spanien unabhängig und wurde Republik. Die Eroberung der Insel fand unter Diego Velázquez statt, der auch die wichtigsten Städte gründete. Bereits 1157 trafen zwölf schwarze Sklaven ein – die ersten von Zehntausenden, die später den Kern der kubanischen Nation bilden sollten. Dank seines Naturhafens wurde Havanna zum Sammelplatz der von Spanien angehäuften Schätze, aber auch Ziel von Piraten. Die heutige Isla de la Juventud war für Freibeuter ein idealer Hafen und Rastplatz. In dieser Epoche erhielt Havanna seine Stadtbefestigung.

Um 1600 war Kuba von Feindesland umgeben: Auf Jamaika, in Guyana und auf Barbados hatten sich die Briten

niedergelassen, während die Franzosen auf Tortuga, Guadeloupe und Martinique saßen. Die Virgin Islands und Teile Guyanas befanden sich unter niederländischer Kontrolle. 1697 bereitete der Vertrag von Rijswijk der Piraterie ein Ende. Im folgenden Jahrhundert entstanden auf Kuba Zuckerrohr- und Kaffeeplantagen; die schwarze und weiße Bevölkerung nahm zu, während die Indianer ausstarben. Nun betraten die Kreolen die Bühne – in Kuba geborene Kinder von Spaniern. Allmählich wurde die Bevölkerung zur Nation, wozu auch die wenigen von Priestern und Nonnen geführten Schulen beitrugen. Religiöser Glaube, Heiligenbilder und Riten verbanden sich zu einem bunten Synkretismus, der, von Castros Regime in den Untergrund gedrängt, heute eine Renaissance erlebt.

Vom 18. Jahrhundert bis zur Revolution war Kubas Geschichte geprägt von Aufständen, Guerillakriegen und politischer Gewalt. Zunächst regierten die Spanier, dann die Briten und ab 1763 erneut die Spanier. Innerhalb kurzer Zeit wurde die Insel durch eine Verkettung günstiger Umstände zum größten Zuckerproduzenten der Erde. Zu Beginn des 19. Jahrhunderts brachen – zunächst in Südamerika – die Unabhängigkeitskriege zur Befreiung von der spanischen Herrschaft aus, die Kuba noch nicht berührten. Um 1850 wurde die Insel von Aufständen erschüttert, die auf Unabhängigkeit abzielten – zunächst allerdings vergeblich. Der erste Unabhängigkeitskrieg begann 1868 und dauerte zehn Jahre. 1886 wurde die Sklaverei abgeschafft. 1895 kam es erneut zum Krieg: Nach der Explosion des Schlachtschiffs „Maine" übernahmen die Amerikaner 1898 von Spanien die Kontrolle über die Insel und begannen ihren wirtschaftlichen Einfluss auszubauen. In den folgenden Jahren lösten Diktatoren und Marionettenregime einander ab, bis ein junger Rechtsanwalt namens Fidel Castro in den Vordergrund trat. Ihm war eine große Zukunft beschieden: Am 26. Juli 1953 führte er eine Gruppe Revolutionäre gegen die Moncada-Kaserne. Der Angriff schlug fehl, Castro wurde verhaftet, abgeurteilt und nach Mexiko verbannt. Dort verbündete er sich mit der Gruppe um Ernesto „Che" Guevara. Ende 1956 kehrte Castro an Bord der „Granma" nach Kuba zurück, wo er sich 1957 in die Sierra Maestra zurückzog, um dort einen letztendlich siegreichen Guerillakrieg zu starten.

Nach 50 Jahren Kampf und tief greifender politisch-sozialer Konflikte leiteten die Revolution und die Bildung einer Regierung unter Castro 1959 eine Phase sozialen und kulturellen Wandels ein. Das neue Regime machte sich an die Lösung wichtiger Probleme wie Wohnungsbau, Beschäftigung, Erziehung und Gesundheitswesen. Später wurden diese Bemühungen teilweise durch den Fall des Sowjetimperiums vereitelt, das seit dem von den USA über Kuba verhängten Handelsembargo (dem „bloqueo") bis 1990 der wichtigste Handelspartner der Insel war. Von Russland aufgegeben und durch den „bloqueo" isoliert, geriet Kuba in eine fast tödliche Krise. In ihrer Splendid Isolation mussten die Kubaner die Phase des „periodo

18 oben *Das Tal von Los Ingenios beherbergte einst Mühlen, in denen das Zuckerrohr zur Rohzuckergewinnung entsaftet wurde. Heute scharen sich hier kleine Dörfer um die Stadt San Luìs. Das Tal reicht bis zum Fuß der Sierra del Escambray. Heute liegen in dieser unzugänglichen und fast undurchdringlichen Region Einsiedlerhöfe, deren Schindelhütten („bohíos") sich an die Hänge schmiegen.*

18 unten *Trinidad liegt auf einem Hügel über dem Meer, aber seine Lage konnte es im 18. Jahrhundert nicht vor den Angriffen karibischer Piraten schützen. Nach wiederholter Plünderung der Stadt heuerten die Bewohner zu ihrem Schutz einen Korsaren an, wurden jedoch über kurz oder lang selbst zu Seeräubern, die sich in der Geschichte der Piraterie eines kurzlebigen Ruhmes erfreuten. Durch ihre Raubzüge wurde Trinidad zu einer sehr reichen Stadt.*

19 *Die Landwirtschaft im Tal der Sierra del Escambray wurde noch nicht mechanisiert. Die Bauern pflügen wie vor Urzeiten mit Ochsen und säen das Korn von Hand. In der Region Pinar del Río bedecken Tabakplantagen über 98 840 Hektar, was 3 000 „caballerías" entspricht (dieses alte kubanische Längenmaß entspricht der Entfernung, die ein Pferd in einer bestimmten Zeit zurücklegen kann).*

especial" durchmachen: Das Verkehrsnetz wurde „halbiert", der Strom zeitweise abgeschaltet, Regale leerten sich, Betriebe schlossen und Krankenhäuser blieben ohne Medikamente. Heute scheint das Schlimmste überwunden. Es gibt viele Anzeichen für einen Aufschwung, auf dem Land ebenso wie in den Städten. Das äußert sich unter anderem in den Paladares: Seit das Tourismus-Ministerium Lizenzen für private Restaurants vergibt, sind Tausende kleiner Bistros aus dem Boden geschossen, die nach dem Schauplatz einer beliebten TV-Serie benannt sind. In grünen Patios mit duftendem Hibiskus serviert man einfache, aber schmackhafte heimische Gerichte. Hier finden Touristen das andere Kuba, unberührt von den Stereotypen und Pauschalangeboten der Reiseveranstalter. Paladares sind praktisch überall entstanden und an ihren fantasievollen Namen und Aushängeschildern zu erkennen, aber auch an den allgegenwärtigen Türstehern. Sie sind relativ schwer zu finden (Einheimische fragen!), da es sich oft um Eintagsfliegen handelt. Doch kann man hier ausgezeichnet die kubanische Küche kennen lernen, die afrikanische und spanische Wurzeln hat. In der Region um Baracoa kommt französischer Einfluss hinzu. Spanien steuerte hauptsächlich Reis, Zitrusfrüchte, Schweine- und Rindfleisch bei. Aus Afrika kamen Jamswurzeln, die kartoffelähnliche Taro-Frucht und Bananen. Auf der Insel fanden die Siedler Mais, Maniok und Süßkartoffeln. Solch typisch kreolische Gerichte serviert man auf Kuba noch heute. Reis bildet mit schwarzen Bohnen den Grundstock eines Gerichts namens Moros y Cristianos oder For Congrì: Reis, Bohnen und kleine Stücke Speck. Hinzu kommt gebratener Reis à la China (im 19. Jahrhundert brachten die Spanier viele chinesische Kulis auf die Insel). Weitere kubanische Spezialitäten sind gekochtes Schweine- und Hühnerfleisch kreolischer Art sowie Enchiladas (Schmorgerichte), Hummer und zahllose Fischrezepte. Reich ist auch das Dessertangebot zum Beispiel Malarrabia aus Orangenschale, Zuckerrohrsirup und Zimt, Natilla (eine delikate Soße) und wunderbare Eisgerichte. Exquisite Nachspeisen werden aus den Früchten der Insel zubereitet: Guaven, Kokosnüsse, Papayas, Ananas und Orangen.

Jede Beschreibung Kubas wäre unvollständig, wenn sie nicht auf den Rum einginge, den der kubanische Schriftsteller Fernandez Campoamor als das fröhliche Kind des Zuckerrohrs bezeichnete. Rum, von den Kubanern „ron" genannt, schmeckt pur ebenso gut wie als Grundlage köstlicher Cocktails: Mojito, Daiquiri, Cuba Libre, Ron Collins, Mary Pickford … Im 16. Jahrhundert war Rum bei Piraten ein beliebtes Getränk. Er schmeckte jedoch höllisch bitter und war als „Teufelskiller" bekannt. Heute ist Rum ein aromatisches Qualitätsprodukt, bei dem in einem langen, komplexen Prozess aus vergorenem Zuckerrohrsaft „aguardiente" destilliert wird. Es gibt drei Haupttypen: Carta blanca (nach der Farbe des Etiketts) ist drei Jahre alt, trocken und leicht – ideal für Cocktails; Carta oro ist fünf Jahre alt, trocken und goldgelb, als

20 oben *Im Tal von Viñales baut man nicht nur Tabak an: Das Foto zeigt einen Bauern, der zwei Bananenstauden trägt, die auf vielen Plantagen dieser Gegend gedeihen. Hier gibt es keine Zuckerrohrfelder, die in anderen Teilen der Insel praktisch alle anderen Feldfrüchte verdrängt haben.*

20 unten *Im Kuba des 18. Jahrhunderts kam kein standesgemäßer Landsitz ohne eine Allee, geziert von Königspalmen, aus. Noch heute kann man auf der Insel ganze Reihen bewundern. Die Palmen auf dem Foto säumen ein auf traditionelle Art gepflügtes Feld im Tal von Viñales (Provinz Pinar del Río).*

23 oben *Für diese Mädchen sind chinesische Kostüme nur ein Spaß, aber manche von ihnen sind vielleicht wirklich Ostasiaten. In der zweiten Hälfte des 19. Jahrhunderts wanderten über 120 000 Kanton-Chinesen nach Kuba aus. Havanna hat sein eigenes Chinatown, und in Südamerika gibt es nur noch in Peru eine so große asiatische Gemeinde. Kubas Chinesen schlugen sich im Unabhängigkeitskrieg mit Bravour.*

23 unten *In Kuba hat die Woche für gewöhnlich fünf Werktage. Staatliche Feiertage sind der 1. Januar (Tag der Befreiung und Jahrestag der Revolution), der 1. Mai (Tag der Arbeit), der 25.–27. Juni (Angriff auf die Moncada-Kaserne) und der 10. Oktober (Beginn der Unabhängigkeitskriege). Im Juli oder August feiert man zum Abschluss der Zuckerrohrernte („zafra") eine Art Karneval.*

Malecón messen, an den die Wellen der Karibik branden. Leider befinden sich die Fassaden der pastellfarbenen Jugendstilbauten heute in schlechtem Zustand, zerfressen vom salzigen Seewind. Am westlichen Rand der Stadt, direkt hinter dem Puente de Hierro, liegt Miramar, der angesagteste Bezirk von Havanna. Die Quinta Avenida teilt ihn in zwei Hälften: Auf der einen Seite der längsten Straße der Stadt liegen Kolonialvillen und Botschaften, auf der anderen Hotels und Diskotheken. Vor vielen Jahren erkor Ernest Hemingway Kuba zu seiner Heimat. Wenn ihm der Sinn nach einem süßen Mojito stand, kehrte er in der „Bodeguita del Medio" ein; für einen trockenen Daiquiri ging er ins „El Floridita". Die beiden berühmtesten Bars Havannas haben nichts von ihrem Charme und Reiz eingebüßt. Die erste ist bescheiden, die zweite gehobener.

Klubs und Diskos entsprechen dem weltweiten Standard. So zum Beispiel das „Tropicana", in dem stets das gleiche Kabarett stattfindet, der „Salòn Rojo", das „Parisien" im Hotel „Nacional", der „Palacio de la Salsa" im Hotel „Riviera" und das „1830", besser bekannt als „Milocho" (zwischen Vedado und Miramar). In Varadero findet man die „Cueva del Pirata", in Havanna das „Bamba" und den „Havana Club".

Westlich von Havanna erstreckt sich das Reich des Tabaks. Auf schier endlosen Feldern wächst der Rohstoff für die berühmten Zigarren. Die Plantagen konzentrieren sich in den Provinzen Pinar del Río und Villa Clara sowie im Tal von Viñales. Seit alters kauft man in Kuba Zigarren, doch in den letzten Jahren sind Zigaretten beliebter geworden, und die Nachfrage lässt nach. Cohibas ist die berühmteste Marke; außerhalb Kubas gibt es sie nur in der Schweiz. Andere begehrte Sorten des kubanischen Goldes sind Monte Cristo, Partagas, Upmann, Romeo y Julieta und Diplomatic. Die „puros" (im Ausland als Havannas bekannt) werden von Hand aus Vuelta Abajo gerollt, dunklem Tabak, der als bester der Welt gilt. Auf jedem Hektar Plantage wachsen 40 000 Pflanzen, doch die Jahresproduktion deckt nur einen Teil der weltweiten Nachfrage. Die bis zu mannshohen Stauden liefern jeweils Blätter für fünf bis sechs Zigarren. Ihre Herstellung ist Präzisionsarbeit, die viel Geschick erfordert. Der Torcedor breitet die zwischen Leintüchern angefeuchteten Hüllblätter auf einem Tisch aus; nach dem Beschneiden der Kanten werden die Füllblätter darin eingerollt und dann in der hölzernen Chaveta zu Zigarren gepresst. Ein geübter Torcedor schafft pro Tag 180 Zigarren.

An der Via Blanca, der Küstenstraße, die Havanna mit Varadero verbindet, liegen die goldenen Strände von Playas del Este, die sanft zum kristallklaren Wasser des Ozeans abfallen. Die Strände (von West nach Ost Santa Maria del Mar, Guanabo und Jibacoa) sind traditionelles Ziel sonntäglicher Ausflüge der Habaneros. Das knapp 10 Kilometer von Havanna entfernte Fischerdorf Cojimar wurde durch Ernest Hemingways Roman „Der alte Mann und das Meer" berühmt. Der Schriftsteller hielt sich oft in Cojimar auf, in dessen Nähe er ein Haus kaufte. Die Finca „La Vigia" ist heute ein Museum, das an Hemingway erinnert.

Varadero liegt 121 Kilometer von Havanna entfernt auf einer Halbinsel, die nur knapp 100 Meter breit ist, jedoch mehr als 19 Kilometer ins Meer ragt. Bis in die 1930er-Jahre war die Gegend fast unbewohnt. Es gab nur ein paar Fischerhütten und einige einsame Villen. Dann kam der US-Millionär Dupont auf die Idee, sie als vornehme Strandvillengegend zu erschließen. Nach dem Ausbleiben der sowjetischen Subventionen erkannte Kuba die Bedeutung des Tourismus für sein wirtschaftliches Überleben. Nun lernte Varadero die Folgen einer allzu ehrgeizigen Entwicklung kennen. Varadero liegt in der Provinz Matanzas. Die Lagune von Guamà an deren Südküste ist berühmt für die dort gezüchteten Krokodile und ein rekonstruiertes Indianerdorf. Weiter östlich erstrecken sich Zuckerrohrfelder, so weit das Auge reicht, nur hier und dort unterbrochen von Städten: Santa Clara, Cienfuegos, Sancti Spiritus, Ciego de Avila, Camagüey. Hier schlägt das Herz des ländlichen Kubas mit Obstplantagen, Reisfeldern, Gemüsekulturen und riesigen Viehfarmen, die Fleisch für den Inlandsmarkt produzieren. Santa Clara, die Hauptstadt der Provinz Villa Clara, ist ein Zentrum des Zuckerrohranbaus. Hier kann man den Tren Blindado besichtigen, der an eine entscheidende Schlacht während Castros Revolution erinnert. Etwa 50 Kilometer entfernt liegt die Stadt Remedios mit Zeugnissen der Kolonialzeit. Im benachbarten Fischerdorf Caibarièn, wo heute nur Fischerboote anlegen, erinnern Lagerhäuser und Docks an seine Vergangenheit als wichtiger Handelshafen. Die Strände säumen ein Vorgebirge; in einem wichtigen Segelschulzentrum werden junge Kubaner für nationale und internationale Segel-, Windsurf- und Ruderwettbewerbe trainiert.

In der Sierra de Escambray ist an den Ufern des Hanabanilla-Stausees ein Ferienzentrum entstanden, das zu den Werken gehört, die Santa Clara und sein Umland mit Strom und Wasser versorgen. Die Stadt Cienfuegos wurde von französischen Siedlern gegründet, was man am Stadtplan und den klassizistischen Gebäuden – Kathedrale, Gouverneurspalast und Terry-Theater – erkennt, die den zentralen Platz, den Parque José Marti säumen. Im Jardín Botànico de la Soledad außerhalb der Stadt findet man Prachtexemplare der lokalen Flora: tausende von Pflanzen und sämtliche Palmenarten, die auf Kuba wachsen.

Sancti Spiritus, die Hauptstadt der gleichnamigen Provinz, wurde 1550 gegründet. In ihren engen Straßen mit flachgedeckten Häusern, deren Fenster schmiedeeiserne Gitter schützen, scheint die Zeit stehen geblieben zu sein.

In der Nähe der Südküste liegt Trinidad, eine hübsche Kleinstadt, die 1514 von Diego Velázquez gegründet wurde (damit ist sie nach Baracoa und Bayamo die drittälteste Siedlung auf Kuba). Obwohl der Ort im 17. und 18. Jahrhundert blühte, geriet er später – abseits von allen wichtigen Verkehrswegen – in Vergessenheit. Von Castilda, dem Hafen der Stadt, lief 1518 die spanische Flotte zur Eroberung Mexikos aus. Im 17. und 18. Jahrhundert wurde Trinidad viele Male von Piraten und

24 *Ein Luftbild der Insel Cayo Coco. In Strandnähe ist das Meerwasser türkisblau, doch funkelt es milchig. Etwas weiter draußen ändert es schlagartig die Farbe – anscheinend längs einer präzisen Grenzlinie – zu tiefem Blau. Der Strand besteht aus feinem weißem Sand. Unter den berühmten Klubs tropischer Urlaubsparadiese verdient Cayo Coco unbedingt einen Spitzenplatz.*

25 oben *Cayo Coco zählt zweifellos zu den schönsten Plätzen der Provinz Ciego de Avila. Die kleine Insel mit den traumhaft weißen Stränden ist durch eine 22,5 Kilometer lange Dammstraße mit dem Festland verbunden. Sie gehört zum 400 Kilometer langen Camagüey-Archipel aus 800 Cays und Korallenriffen.*

25 unten *Heute heißt ein Touristendorf Besucher auf Cayo Coco willkommen. Mit Cayo Guillermo ist es die einzige Insel des Archipels, auf der Investoren Hotels errichten durften – allerdings unter Beachtung strengster Umweltschutzauflagen. Dennoch hat der Tourismus auf der Insel rapide zugenommen.*

englischen Söldnern geplündert, im 19. Jahrhundert jedoch zur Hauptstadt von Kubas Zentralregion erhoben. Damals führte der Zuckerrohranbau zu einer wirtschaftlichen Blüte; nach der Abschaffung der Sklaverei verkauften die Pflanzer jedoch ihr Land an die Bauern und wanderten aus. Der damit einsetzende Niedergang endete erst mit der Revolution. Heute ist Trinidad ein Juwel an den Hängen der Sierra de Escambray, ein prächtiges Erbstück der Kolonialzeit mit barocken Palästen, Gärten und pastellfarbenen Häusern. Dank sorgfältiger Restaurierungsmaßnahmen erstrahlen viele Häuser wieder in den warmen, für das 18. Jahrhundert so typischen Pastelltönen (Gelb, Rosa, Blau und Grün). Durch niedrige Fenster mit schmiedeeisernen Gittern erhascht man einen Blick auf Kassettendecken, mit Azulejos geflieste Wände, die unvermeidlichen Schaukelstühle und schattige Patios voll tropischer Pflanzen. Die steilen Gassen tragen Kopfsteinpflaster, Autos sind selten, das Licht ist zauberhaft, und Bauten vergangener Zeiten prägen die Atmosphäre. Etwa auf der Plaza Mayor: In ihrer Mitte befindet sich ein Palmengarten mit kunstvollen schmiedeeisernen Bänken und bunten Terrakottavasen; hier kann man das Museo Romantico, die Kirche Santísima Trinità, das Museo de Arquitetura Colonial und das Kloster San Ferdinando besichtigen. Das Museo Romantico ist im früheren Palais der Familie Brunet, einer wohlhabenden Pflanzerdynastie, untergebracht. Es präsentiert sich als koloniale Residenz mit zeitgenössischen Möbeln und Sammlungen. Auch das Haus, das nun das Museo de Arquitetura beherbergt, gehörte einer wohlhabenden Familie, den Sanchez Iznaga. Hier kann man Dokumente zur Stadtplanung von Trinidad und den seit 1959 laufenden Restaurierungen studieren. Interessant sind auch die „Casa de la Trova“ in der Calle Lumumba und das nach einem Rumcocktail benannte „Canchànchara“: Im Hof spielt man kubanische und afro-kubanische Musik.

Etwa 15 Kilometer von Trinidad entfernt erhebt sich inmitten endloser Zuckerrohrfelder die hohe Torre de Iznaga, ein Wachturm zur Kontrolle der auf den Feldern fronenden Sklaven. An der Küste findet man unweit des alten Hafens Casilda die Playa Ancón einen fast 10 Kilometer langen Sandstrand, wo Taucher im Korallenmeer Meeresschildkröten und Krustentiere beobachten können.

Ciego de Avila ist eine weitere wichtige Stadt und Hauptort der gleichnamigen Provinz, umgeben von einer eintönigen Landschaft, in der vor allem Zuckerrohr angebaut wird. Vor der Küste im Süden dieser Provinz liegt der zauberhafte Archipel Jardines de la Reina, der wegen der milchigen Farbe des stark kalziumhaltigen Meerwassers auch als Laguna de la Leche bekannt ist.

Zu den am dichtesten bevölkerten Städten Kubas gehört Camagüey, das Zentrum einer Viehzuchtregion, die als Wilder Westen der Insel gilt. In der Altstadt gibt es einige interessante Barockbauten: den Dom, die Kirche Nuestra Señora de la Soledad und das heute als Stadtgericht dienende Gebäude. Die mächtigen Säcke aus Ziegenleder, die man überall in den Straßen sieht, dienten früher zum Auffangen des Regenwassers. In Camagüey gibt es – wie in Trinidad – die alte „Casa de la Trova“, in der man diesen traditionellen Volksballaden lauschen kann. Nördlich der Stadt erstreckt sich die Sierra de Cubitas. Hier hat man Höhlen mit Felsmalereien der indianischen Ureinwohner entdeckt. Die Nordküste säumt der Camagüey-Archipel. Die größten der zahllosen Inselchen sind Cayo Romano und Cayo Sabinal. Von Victoria de las Tunas führen zwei Straßen nach Santiago de Cuba. Die größere bildet die Fortsetzung der Autobahn Carretera Central, die andere führt den Reisenden über Bayamo und die Provinz Granma. Auf der Zentralautobahn gelangt man nach Holguín, wo man die Cubanacàn (die „Mitte von Kuba“) vermutet– jenen Ort, den Kolumbus auf seiner ersten Entdeckungsreise besuchte. Von den Hängen der Loma de la Cruz hat man eine herrliche Aussicht auf die Stadt und ihre Umgebung. Die zweite Route führt nach Bayamo, der Hauptstadt der Provinz Granma, benannt nach dem Boot, mit dem Castro und seine Gefährten 1956 an der Playa Las Coloradas landeten. Damit begannen die revolutionären Aktivitäten, die sie erst in die Regenwälder und zerklüfteten Berge der Sierra Maestra führten, deren Vorberge bis zu Ostspitze der Insel reichen. In diesem Teil Kubas kann man sich nur auf schmalen Straßen fortbewegen, die durch dichte, nur selten von Dörfern oder Lichtungen unterbrochene Wälder führen. Am Fuße der Sierra liegt die ständig in feuchte tropische Nebelschwaden gehüllte Stadt Santiago. Der Ort ist für seinen bis in die Kolonialzeit zurückgehenden Karneval bekannt, der damals am Tag der Heiligen Drei Könige stattfand. Die Sklaven durften dann in den Straßen tanzen. Heute veranstaltet man ihn Mitte Juli als Abschluss der Zuckerrohrernte. Das 1514 von den Spaniern gegründete Santiago war bis 1549 Kubas Hauptstadt. Dank seines geschützten Naturhafens an der Karibikküste wurde es zum Zentrum des blühenden Sklavenhandels. Nachdem sich die Spanier 1898 den Amerikanern ergeben hatten und die neue Regierung Havanna zum Sitz wählte, nahm die Bedeutung der Stadt allmählich ab. Dennoch gilt sie nach wie vor als Heldenstadt, Wiege der Revolution und Hochburg des kubanischen Sozialismus. Tatsächlich begann mit dem erfolglosen Angriff Castros und seiner Gefährten auf die Moncada-Kaserne am 26. Juli 1953 die Revolution. Hier nahm Castro auch 1959 die Kapitulation der Batista-Armee entgegen. Santiago wird von einem eher karibisch als kubanisch anmutenden Völkergemisch bewohnt. Viele im 18. Jahrhundert hierher geflüchtete Haitianer brachten Elemente ihres stark französisch beeinflussten kulturellen Erbes mit. Santiago ist die zweitgrößte Stadt der Insel. Mit ihrem sinnlichen Flair und der Kolonialarchitektur – viele Gebäude zieren Balkonbrüstungen, Fenstergitter und Tore aus Schmiedeeisen – ist sie die unbestrittene Heimat der großen Musiktradition Kubas.

Weiter im Osten liegt die US-Marinebasis Guantánamo: Auch nach der Revolution unterhalten die USA hier eine Garnison – die Folge früherer Verträge, besonders des

26 oben *Feiner weißer Sand, kristallklares Wasser und kilometerlange Korallenriffe mit Fischen in allen denkbaren Farben: Das irdische Paradies liegt in der Karibik nur wenige Schritte vom Hotel entfernt. Den Tag verbringt man vor allem mit „tomar el sol y bucear“ – Sonnenbaden und Tauchen. Taucher stehen oft früh auf, unwiderstehlich angezogen von den Unterwasserhöhlen mit Wänden voller riesiger Schwämme und den mit Fächerkorallen bewachsenen Riffwänden.*

26 unten *Der andere Zeitvertreib, der bei Urlaubern zum Pflichtprogramm gehört, ist Sonnenbaden, und natürlich könnte nichts angenehmer sein, als zwischen der wärmenden Sonne und kühlenden Bädern im klaren Wasser des Meeres zu wechseln. Die Strände von Cayo Coco sind naturnahe Streifen weißen Sandes, umspült von sanften Wellen und gesäumt von niedriger Vegetation. Die Hitze der Tropen wird häufig von den sanften Passatwinden gemildert.*

27 *Für alle Freunde des Meeres bietet Kuba zahllose sportliche Aktivitäten wie Schwimmen, Tauchen und Windsurfen. Es weht stets eine leichte Brise, und das Meer ist gerade bewegt genug, um aufregende Wellenritte zu ermöglichen – entweder im sanften Morgenlicht oder im Glanz der Nachmittagssonne, wenn die große Stille nur vom sanften Rauschen der Dünung unterbrochen wird.*

28–29 Ein kleines Touristenflugzeug wirft seinen Schatten auf das üppige Grün eines Cays. Am Rand des Kontinentalschelfs liegen vor den Küsten von Ciego de Avila und Camagüey Hunderte dieser kleinen unbewohnten Inseln, die sich deutlich im klaren, seichten Wasser abzeichnen. Auf manchen leben Leguane, die frei in der Bodendecker-Vegetation umherstreifen, auf anderen Krokodile.

30–31 Nur wenige Städte Lateinamerikas haben solch einen Charme wie Trinidad mit seinen vielen spanischen Kolonialbauten: prächtige Häuser, enge Kopfsteinpflasterstraßen, Patios mit Tropenpflanzen, schmiedeeiserne Gitter vor hohen Fenstern, duftende Blumen und der Geist vergangener Zeiten. All das erfreut viele Besucher, und verlockt sie zu einem längeren Aufenthalt, wobei Geräusche, Licht und Farben ihren Teil zum malerischen Flair der Stadt beitragen.

Platt Amendement, das ihnen das Recht gibt, zur Verteidigung Kubas zu intervenieren.

Fast an der Ostspitze der Insel liegt Baracoa, ein weiterer Zeuge der kolonialen Ära. Außerhalb der Stadt dehnen sich vor der imposanten Kulisse des Yunque – eines heiligen Berges, dessen Gipfel fast immer von Wolken umhüllt ist – Regenwälder aus, in denen zahllose Holzhäuser verborgen liegen. Das 1512 gegründete Baracoa war die erste spanische Siedlung auf Kuba. Wie Trinidad hat es im 20. Jahrhundert Phasen der Isolierung erlebt, sodass die Zeit stehen geblieben zu sein scheint.

Heute hat Kuba über 10 Millionen Einwohner – eine bunte Mischung verschiedener, hauptsächlich afrikanischer und spanischer Kulturen. Die Nachkommen von Europäern, Afrikanern und Asiaten machen den Charme dieses gastfreundlichen Landes aus. Viele ihrer Träume wurzeln in grauer Vorzeit, manchmal genährt von Genie und Illusionen. Ihre Träume verschmelzen an den weißen Stränden der Tropen, im matten Charme Havannas, in den schwingenden Hüften und afrikanischen Rhythmen Santiagos, in rumbageschwängerter Musik und in einer Luft, die wie Zuckerrohrmelasse an der Haut klebt. Heute weht der Wind der Veränderung über Kuba. Dennoch hat sich die Insel ihren Zauber bewahrt, jene berauschende Mischung aus Kolonialflair und Tropenlandschaft, romantischen Stränden und sinnlichen Freuden, Musik, Newwave-Filmen und jungen Schriftstellern, exotischen Kreuzfahrten und Dörfern fernab der Zivilisation. Parallel zur wirtschaftlichen Talfahrt ist Kubas spirituelles Bewusstsein erwacht, gefördert nicht zuletzt durch den lang erwarteten Besuch von Papst Johannes Paul II. Zu den zahlreichen Glaubensrichtungen und Kulten, die man auf Kuba praktiziert, gehört auch Santería, eine Mischung aus Katholizismus und afrikanischen Religionen. Die Zeremonien finden in Gegenwart des Bambalau statt, der in Privathäusern als eine Art Priester amtiert. Vermutlich hängen etwa 70 Prozent der Bevölkerung dieser Religion an. Heilkräuter, Amulette, Glücksbringer und „palos“ zur Abwehr des bösen Blicks findet man in den Läden der Yerberos, die vor allem rund um den Markt von Cuatro Caminos zwischen Matadero und Monte in Habana Vieja liegen. Gekauft werden sie nur von Kubanern aller Altersstufen und Schichten.

Große Bedeutung kommt heute dem Tourismus zu. Das herrliche Meer, die sauberen Strände und der preiswerte Reiz der Tropen lockten schon Millionen von Reisenden an, vor allem die zahlreichen Dörfer, die Urlaub zum Pauschalpreis anbieten. Kuba ist jedoch mehr als ein bloßes Urlaubsziel: Seine Geschichte, die reiche Flora und Fauna und das ethnische Gemisch, das die Bevölkerung prägt, verleihen der Insel den Charme des Außergewöhnlichen.

Die Schätze der Antillen

32 oben *Östlich von Havanna erstrecken sich kilometerweit die Strände der Hauptstadt. Bekannt als Playas del Este, befinden sich hier zahlreiche Urlaubsorte wie El Mégano, Santa Maria del Mar, Boca Ciega, Guanabo und Jibacoa. Hinter den mit Felsbuchten durchsetzten Sandstränden liegen Hotels, Bungalows, Restaurants, Bäder, Diskotheken, Läden und Wassersportzentren, durchweg mit der gleichen freundlich-bescheidenen Atmosphäre.*

32 unten *Eine Agrarlandschaft mit bestellten Feldern und sanften Hügeln heißt den Besucher im Tal von Viñales (Provinz Pinar del Río) willkommen. Hier baut man Tabak und verschiedene Feldfrüchte an. Zur üppigen Vegetation gehören zahllose Orchideen und riesige Palmen. Über das Land verstreut findet man „Heuhaufen-Hügel“ und Höhlen mit unterirdischen Flüssen, imposante Wasserfälle und Felsklippen, die Echos zurückwerfen.*

33 *Zwar bescherte der Tourismusboom Varadero Dutzende neuer Hotels, doch seine feinen, von Kokospalmen gesäumten Sandstrände zählen immer noch zu den schönsten der Insel. Zu Beginn des 20. Jahrhunderts war Varadero den oberen Zehntausend vorbehalten. Seine Erschließung begann in den 1950er-Jahren und hat mittlerweile nie gekannte Ausmaße angenommen, sodass sich die Bettenzahl verdoppelt, wenn nicht verdreifacht hat.*

34 oben *Die Sierra del Escambray zieren schöne Landschaften, Flüsse und Seen mit kühlem, sauberem Wasser. Selbst hoch in den Bergen ist die Vegetation dank des tropischen Klimas üppig. Die Straße von Cienfuegos nach Trinidad durchquert die auch als Guamuhaya bekannte Sierra del Escambray – eine schöne Strecke: Das berauschendste Panorama bietet sich, wenn nach dem Verlassen der Berge vor den Wassern der Karibik Trinidad in Sicht kommt.*

34 Mitte *Inmitten der tropischen Vegetation, die die Küsten der Region Matanzas bedeckt, liegen mehrere bezaubernde Höhlen, deren von zahllosen Fischen bevölkertes Wasser dem Boden entsprudelt. Die berühmteste ist die etwa 5 Kilometer von Matanzas entfernte, 1861 entdeckte Cueva de Bellamar: Sie besteht aus zahlreichen Grotten mit Stalaktiten, Stalagmiten und von Kalkkristallen übersinterten Böden, Wänden und Decken.*

34 unten *Obwohl die Kubaner sie zärtlich „saltitos“ nennen, sind die Wasserfälle der Sierra del Escambray beileibe keine „kleinen Sprünge“. Ein gutes Beispiel liefern jene am Hauptfluss der Region, dem Habanilla, der seine Fluten in das gleichnamige Staubecken ergießt. Das gewaltige, von Bergen umgebene Staubecken ist heute ein beliebtes Touristenziel.*

34–35 *Die Sierra del Escambray – einst Zuflucht für Guerillas – zählt zu den unzugänglichsten Gegenden Kubas. Die vielen Flüsse und Bäche, die von ihren Hängen herabstürzen, bilden mächtige Wasserfälle. Auf dem Foto sieht man die Kaskaden des wichtigen Flusses Habanilla, der das gleichnamige Staubecken speist.*

36–37 *Etwa 800 Meter über dem Meer liegt an den Hängen der Sierra del Escambray ein wunderschöner Nationalpark mit einer Fläche von 111 Quadratkilometern, auf denen Eukalyptusbäume und Kiefern wachsen. An den Ufern des Vega Grande zählt man über 300 Pflanzenarten aus allen Kontinenten . Hier gibt es auch einen auf die mannigfaltigen Kaffeesorten spezialisierten Botanischen Garten.*

38–39 *Das nahe Trinidad gelegene Valle de los Ingenios ist mit den Ruinen von Zuckermühlen übersät („in-genios“ nannte man die Maschinen, die den Zucker aus dem Rohr pressten). Nach dem Zensus von 1795 leb-ten in Trinidad 2 767 Sklaven. Im gleichen Jahr produzierten die 82 Zuckermühlen der Gegend 60 000 „arro-bas“ Zucker, fast 158 970 Liter „agu-ardiente“ und 700 Flaschen Melasse.*

DIE HÖHLEN VON MATANZAS

40 oben *Die Galleria del Confessionale ist die größte Sehenswürdigkeit der Cueva de Bellamar, der berühmtesten Höhle in der Region Matanzas. Der angeblich 1861 von einem Sklaven entdeckte Raum ist 175 Meter lang und gut 3 Meter hoch. An der Höhlendecke bildern sich sich unzählige Stalaktiten. Die hier erforschten Höhlen und Gänge umfassen eine Strecke von 1,6 Kilometer*

40 unten *Der eindrucksvollste Raum der Cueva de Bellamar ist dank der vielen Tausenden von winzigen Kalkkristallen, die Boden, Wände und Decken überziehen, der so genannte Daliesee.*

41 *Die Cueva del Indio im Tal von Viñales diente den örtlichen Indianern vom Stamm der Guanahatabey vor dem Eintreffen der Konquistadoren als Zuflucht und Friedhof. In dieser Höhle führt ein gewundener Gang zu einem unterirdischen Fluss. Auf seinen Fluten, zu denen man auf in den Fels gehauenen Stufen hinabsteigt, verkehren kleine Boote.*

CAYO COCO, DAS GELOBTE LAND

44–45 *Ein Luftbild des Touristendorfs auf Cayo Coco, das eine 22 Kilometer lange Dammstraße mit der Kleinstadt Morón in der Provinz Ciego de Avila verbindet. Die Touristenanlagen auf Cayo Coco und dem benachbarten Cayo Guillermo sind die einzigen auf dem ausgedehnten Archipel.*

46–47 *Die Sonne wirft Schlagschatten auf einen Kokospalmenstrand von Cayo Coco.*

42 *Cayo Coco vor der Küste von Ciego de Avila ist die größte der zahllosen Inseln dieser Gegend. Die Strände sind in mancher Hinsicht schöner als die von Varadero, Kubas berühmtestem Touristenort. Cayo Coco ist nicht nach der Kokospalme benannt, sondern nach dem Weißen Ibis, einem interessanten Watvogel dieser Insel.*

43 oben links *Auf Cayo Coco und Cayo Guillermo gibt es seit einigen Jahren mehrere Touristenzentren. Das Ökosystem des Camagüey-Archipels ist jedoch sehr empfindlich, deshalb müssen Maßnahmen zum Schutz der Natur ergriffen werden.*

43 oben rechts *Dieses Luftbild von Cayo Coco bringt die prächtigen Farben des Meeres zur Geltung. Der Sand der Strände ist weiß und fein wie Puder.*

43 unten links *Die traumhaften weißen Sandstrände von Cayo Coco erreichen eine Gesamtlänge von fast 21 Kilometer und machen es zum schönsten Ort der Provinz Ciego de Avila. Den aus 800 Cays bestehenden Camagüey-Archipel umgibt ein fast 400 Kilometer langes Riff, eines der bedeutendsten der Erde.*

43 unten rechts *Der Camagüey-Archipel aus der Vogelperspektive. Die einzelnen Cays trennen seichte Kanäle kristallklaren blaugrünen Wassers, in denen man den Meeresgrund deutlich sehen kann. Auf den winzigen Inseln leben verschiedene Wildtiere: Die Wildschweine etwa wurden in früheren Jahrhunderten von Piraten ausgesetzt, während Schildkröten, Krokodile, Leguane und Wasservögel von Natur aus hier beheimatet sind.*

DIE HÜGEL VON PINAR DEL RIO

48 oben *„Los Jazmines" ist das bekannteste Hotel der Region Pinar del Río. An einem Berghang über der Straße nach Pinar, etwa 3 Kilometer von Viñales entfernt, bietet es Panoramablicke auf „mogotes", Tabakplantagen und Palmenalleen. Seine lachsrosa Fassade und der große Pool heben sich deutlich gegen das üppige Grün der Vegetation ab.*

48 Mitte *Hohe, schlanke Palmen sind ein Charakteristikum der Provinz Pinar del Río. Ihre ungewöhnliche Höhe kontrastiert mit den völlig ebenen Tabakplantagen, spiegelt jedoch die „mogotes" wider – bizarre Felsformationen, die wie antike Ruinen aus der dichten Vegetation ragen.*

48 unten *Die Hütte („rancho") eines Tabakpflanzers in der Region Pinar del Río. In diesen fensterlosen Trockenhäusern hängen die Tabakblätter an langen, waagerechten Leisten, die von Wand zu Wand und vom Fußboden bis zum Giebel den gesamten verfügbaren Raum ausnutzen. Hier reifen die Blätter 45 Tage in absoluter Dunkelheit.*

48–49 *In prähistorischer Zeit war das Tal von Viñales eine riesige Höhle, die schließlich einstürzte, gestützt von gewaltigen Pfeilern, die nun seltsame heuhaufenähnliche Hügel („mogotes") bilden. In ihrem Schatten wächst auf grünen Plantagen („vegas") der beste Tabak der Welt. Aus seinen Blättern entstehen jene berühmten Zigarren, die auf Kuba als „puros", in der übrigen Welt jedoch als Havannas bekannt sind.*

50–51 *Im Hintergrund des hier abgebildeten Tabakfeldes erheben sich „mogotes", heuhaufenartige Karsthügel, die das Landschaftsbild von Pinar del Río prägen. Die gesamte Region eignet sich für den Anbau von Tabak, einem empfindlichen Qualitätsprodukt, das sorgfältige Behandlung erfordert. Zwischen Aussaat und Zigarre liegen über einhundert fast durchweg manuelle Arbeitsgänge. Das Rollen der Zigarren erfordert viel Geschick und Erfahrung.*

52–53 *Wasserfälle sind die Hauptattraktion der Sierra del Escambray, jenes Gebirgszugs hinter Trinidad, der bis auf wenige Straßen praktisch unzugänglich ist. Dennoch bearbeiten die Bauern ihr Land, vor allem an den Ufern von Seen. Sie betreiben Bienen- sowie Viehzucht und produzieren den Großteil ihres Eigenbedarfs an Obst, Gemüse und Kaffee.*

Perlen der Karibik

54–55 und 55 *Trinidads Strand, der Playa Ancòn, ist einer der schönsten und bekanntesten Kubas. Er bietet auch eines der faszinierendsten Naturschauspiele der kubanischen Südküste: den Sonnenaufgang über dem Karibischen Meer. An der Playa Ancòn, einem beliebten Touristenziel, wurden neben den sowjetischen Hotels aus den 1970er-Jahren kürzlich neue errichtet. Die Ausflüge nach Cayo Blanco beginnen im nahe gelegenen Hafen Casilda.*

56 oben und 56–57 *Die Playa de los Flamingos auf Cayo Coco verdankt ihren Namen den Brutkolonien der Flamingos, die es auf einigen Inseln gibt. Auf Kuba leben etwa 350 Vogelarten, von denen die Hälfte die Insel zu einem Zwischenstopp auf ihren Zügen von Nord nach Süd (und umgekehrt) nutzt. Ferner rühmt sich die Insel ihrer 185 Schmetterlings- und über 1 000 Insektenarten.*

56 unten *Einen unerwarteten Anblick bietet auf Cayo Guillermo das Hotel „Flotante", das auf einem Ponton im seichten Wasser verankert ist und wie ein Mississippidampfer wirkt. Alle Räume haben Klimaanlage, und es gibt winzige Balkone und Veranden. Rundum sorgen das blau-grüne Wasser, der warme Sand und der wolkenlose Himmel dafür, dass sich die Gäste wohl fühlen.*

58 oben *Von den Wällen des Castillo del Morro, einer spanischen Festung, die heute das Piratenmuseum beherbergt, hat man einen schönen Blick auf das nur eine Fährenfahrt entfernte Cayo Granma. Einst Sommerresidenz wohlhabender Santiagueros, wird es heute von Fischern und Pendlern bewohnt. Ohne Autos und Hotels herrschen Ruhe und Frieden wie in längst vergangenen Zeiten.*

58 Mitte *Die Bastionen des Castillo del Morro gestatten auch einen atemberaubenden Blick auf die Bucht von Santiago. Das Fort wurde von einem Italiener namens Antonelli erbaut, der auch der Architekt des gleichnamigen Bauwerks in Havanna war. Seit der Fertigstellung 1701 dient es als Festung, Kaserne und Kerker. Es wurde 1978 restauriert und beherbergt heute mit seinem Labyrinth aus Gängen, Treppen und Zugbrücken das Piratenmuseum.*

58 unten *Auch Kuba hat seinen Urzeitpark, der seit dem Erfolg des Films „Jurassic Park" Besucher jeden Alters anzieht, die den hautnahen Kontakt zu den Tieren die einst die Erde bevölkerten, zu genießen scheinen. Baconao liegt im „Tal der Dinosaurier", etwa 50 Kilometer südöstlich von Santiago.*

58–59 *Felsklippen sind typisch für die Küste bei Santiago de Cuba, der karibischsten Stadt der Insel; die meisten ihrer Bewohner sind Schwarze oder Mulatten, und die Atmosphäre erinnert an die Kolonialzeit und das Plantagensystem. Dank seines geschützten Naturhafens an der karibischen Küste war Santiago ein wichtiges Zentrum des Sklavenhandels, der im 17. und 18. Jahrhundert auf Kuba blühte.*

60–61 *Auf Kuba sorgen Sonnenauf- und -untergang und die Wetterlage für spektakuläre Szenerien. Dieses auf der Insel Cayo Guillermo im Camagüey-Archipel entstandene Foto zeigt den Moment, in dem die Sonne mit ihren feuerroten und orangen Flammen den Himmel in Brand zu setzen scheint, bevor sie kurz darauf im Meer versinkt.*

Prächtige Zeugen der Kolonialzeit

62 oben *Das moderne Gesicht von Havannas Verdado-Viertel zeigt sich vor allem vom Malecòn, der sechsspurigen Promenade, die sich knapp 5 Kilometer am Meer hinzieht und immer von Händlern, Familien und jungen Paaren bevölkert ist. In allen Straßen sieht man riesige, etwas naive Plakate, die den US-Imperialismus schmähen und die Werte von Castros Revolution feiern.*

62 unten *Die Casa de la Cultura in Cienfuegos, Kubas zweitwichtigstem Industriezentrum und Hauptstadt der gleichnamigen Provinz. Die Stadt ist relativ jung (1819). Nach der Revolution von 1959 investierte die Sowjetunion hier riesige Summen, und Cienfugos wurde eine bedeutende Industriestadt mit hochragenden Silos, Zement- und Düngerfabriken, Mühlen und Schiffswerften.*

63 *Santa Clara, Hauptort der Provinz Villa Clara, wurde 1690 im Binnenland von Familien gegründet, die vor den ständigen Piratenüberfällen auf die Küstenstadt San Juan de Los Remedios flohen. Zu den Bauwerken des 19. Jahrhunderts am baumbestandenen Parque Vidal, dem Hauptplatz, gehört auch das Hotel „Santa Clara Libre". Es zeigt noch Spuren der Kämpfe Che Guevaras aus dem Jahr 1958.*

TEATRO LA CARIDAD

HAVANNA, DIE „ALTE DAME DER KARIBIK“

64 oben *Üppiger Marmor, endlose Treppen, hohe Säulen und Statuen: All dies verbindet sich im Capitolio Nacional, einer exakten Kopie des Kapitols von Washington, D. C.*

64 Mitte links *Neben dem Capitolio Nacional erhebt sich am Parque Central das Teatro Garcia Lorca (ehemals Nacional). 1838 in eklektischem Stil erbaut, wurde es später dem im Spanischen Bürgerkrieg ermordeten Dichter gewidmet.*

64 Mitte rechts *In jedem kubanischen Dorf und in vielen Städten schmücken Bildnisse, Büsten oder Statuen von José Martí die Hauptplätze. In Havanna erhebt sich die Statue des Gründers der Revolutionären Partei Kubas im Parque Central.*

64 unten *Detail der Fassade des Teatro Garcia Lorca am Parque Central von Havanna. In den Räumen zur Straße übt das Ballett, während in den hinteren Sälen Theaterproben stattfinden.*

64–65 *Die gut erhaltenen US-Autos aus den 1950er-Jahre bilden einen Kontrast zu Havannas Capitolio Nacional. Das Gebäude war 30 Jahre lang Sitz der Càmara de Rapresentantes. Heute beherbergt es die Academia de Ciencias de Cuba und das Museo de Ciencias Naturales.*

HM 06612
PARTICULAR
HM·81570
CUBA

66 links *Zahllose technische Fachbücher der „Bibliothek José Martí“ bedecken die Wände eines riesigen Saales im Capitolio Nacional. Der Raum ist prächtig dekoriert und möbliert: eingelegte Fußböden aus verschiedenfarbigem Marmor, antike Möbel und ein herrlicher Kronleuchter.*

66 rechts *Mit einer Kassettendecke und Türen aus edelstem Holz zeugt der Salòn de los Escudos im Capitolio Nacional vom Stil der Renaissance. Er diente unter Gerardo Machado und Fulgencio Batista für Staatsbankette. Die Tische sind noch immer gedeckt und geschmückt wie zu jener Zeit.*

67 links *Der wundervolle „Saal der verlorenen Schritte“ im Capitolio Nacional (italienische Renaissance) hat ein Tonnengewölbe und auf jeder Seite eine Reihe Fenster. Der Marmorfußboden ist klassizistisch.*

67 rechts *Ein anderer reich dekorierter Staatsraum im Capitolio Nacional von Havanna (einer Kopie des Washingtoner Kapitols) ist die Rotunde mit der mächtigen Kuppel.*

68–69 *Die Bar im 25. Stock von Havannas berühmtem Hotel „Habana Libre“ bietet einen herrlichen Blick über die Stadt. Auf diesem Foto ist in der Ferne der Malecòn (die berühmte Seepromenade) zu erkennen, während das weiße Hotel „Nacional“ mit den Zwillingstürmen nostalgischen Charme versprüht.*

70–71 *Hohe, schlanke Säulen sind ein Merkmal der neoklassizistischen Fassade des Hauptgebäudes von Havannas Universität, die ein weitläufiges Gelände im Vedado-Bezirk einnimmt. Bildung für jedermann war seit den Anfängen ein Hauptziel des Castro-Regimes. Heute haben 95 Prozent der Insulaner eine Schulbildung. In dieser Hinsicht nimmt Kuba unter den Industrie- und Entwicklungsländern eine Spitzenstellung ein.*

71 unten rechts *Zu Havannas bekanntesten Hotels gehört das „Habana Riviera“. Eröffnet 1950, wirkt es immer noch wie ein Luxushotel dieser Epoche, hat aber moderne Zimmer und einen hohen Standard. Das Restaurant ist für seine kreolische Küche berühmt. Nahe am Malecòn gelegen, bietet es herrliche Blicke über Havanna und die Küste. Es gehört zur Hotelkette „Gran Caribe“, die auf den Antillen weithin bekannt ist.*

71 links *Viele Gebäude und Viertel Havannas bestehen aus historischer Substanz, zeigen jedoch Spuren von Vernachlässigung. Die Altstadt Habana Vieja strahlt noch immer den Glanz der spanischen Metropole aus, zeugt aber auch von der Wirtschaftskrise nach dem Zusammenbruch des Ostblocks. Die jüngsten Reformen haben fremden Investoren und freiem Unternehmertum die Türen geöffnet.*

71 oben rechts *Die Nationalflagge weht auf einem Dach in Havanna. Sie wurde 1849 von Miguel Teurba Tolòn entworfen. Die weißen Streifen symbolisieren den Frieden, die blauen die drei damaligen Provinzen. Das rote Dreieck steht für das im Unabhängigkeitskampf vergossene Blut, der weiße fünfzackige Stern für die nach jahrhundertelanger Fremdherrschaft errungene Freiheit.*

72 oben *Das Bacardi-Haus, einst Sitz der Bacardi Rum Company, ist ein beeindruckendes Gebäude in eklektischem Stil unweit des Restaurants „El Floridita“ zwischen Via Progreso und Via Monserrate. Von der Straße aus lässt es sich schwer überblicken; dies gilt vor allem für die oberen Stockwerke mit der riesigen Fledermausskulptur. Der beste Blick bietet sich vom gegenüberliegenden Hotel „Plaza“.*

72 unten *In den alten Vierteln Havannas stehen meist niedrige Häuser mit roten Ziegeldächern in spani-schem Stil. Ihre Fassaden sind oft in Pastelltönen wie Rosa, Hellblau oder Hellgrün gestrichen. Habana Vieja ist die größte erhaltene Kolonialstadt Lateinamerikas. Die in den 1970er-Jahren gestartete Restaurierungskampagne wurde mit Geldern der UNESCO nachhaltig gefördert.*

72–73 *Der Malecón, Havannas berühmte Seepromenade – hier ein Panoramafoto –, beginnt am Castillo de la Punta und zieht sich am Meer entlang bis La Ramba, vorbei an den Hotels „Nacional“ und „Riviera“. Er endet an der Mündung des Río Almendares, der den Bezirk Vedado von Miramar trennt. Ein Hauch von Nostalgie weht über dem Malecón. Die Pastellfarben sind im Lauf der Zeit und durch den salzigen Seewind verblasst.*

73 *Dieses typische Altstadthaus – blau gestrichen, mit ebenerdiger Portikus und Rundbogenfenstern im ersten Stock – erinnert an Spanien, vor allem an Andalusien. Nach und nach werden die für Havanna typischen Häuser restauriert. Das Ergebnis wird sich in einigen Jahren sehen lassen können.*

Meliá
Cohiba

74–75 *Die urbane Entwicklung Havannas verlief relativ turbulent. Der Sturz des Diktators Batista machte dessen Pläne zum Abriss und Neuaufbau von Habana Vieja zunichte. Die Revolutionsregierung hat durch Verbesserungen und Restaurierungen einige Erfolge erzielt, aber auch moderne Architektur wie das hier abgebildete Hotel „Melía Cohiba" an der Avenida Paseo gefördert.*

75 oben *Dieses viel diskutierte und kritisierte weiße Marmordenkmal für den Nationalhelden José Martí steht neben einem 144 Meter hohen Obelisken auf der Plaza de la Revolución. Obwohl die Arbeiten bereits unter Batista begannen, wurde es erst nach dessen Sturz vollendet und rasch zum Symbol der Revolution. Massenveranstaltungen, die wichtige Ereignisse in der Geschichte von Castros Kuba feiern, finden auf diesem weiten Platz statt.*

75 Mitte *Bei der Einfahrt in den Hafen von Havanna müssen Schiffe einen engen Flaschenhals passieren. Auf einer Seite, am Beginn des Malecón, liegt das Castillo de San Salvador de la Punta, gegenüber in Habana del Este das Castillo del Morro. Ein naher Tunnel ermöglicht dem Straßenverkehr die Überquerung ohne Fähre.*

75 unten *Die Plaza de la Revolución mit dem Obelisken und dem Denkmal von José Martí liegt südlich des Hotelviertels. Hier erheben sich mehrere Ministerialbauten. Das Innenministerium wird am häufigsten fotografiert – wegen des berühmten Porträts von Che Guevara mit der Inschrift „Hasta la victoria siempre". Die übrigen Gebäude am Platz – etwa das Justizministerium, in dem sich das Zentralkomitee der Kommunistischen Partei trifft – wirken grau und gesichtslos.*

76 oben *Nicht selten findet man in den laienhaften Fassadenmalereien mancher Häuser Havannas Erinnerungen an Kubas afrikanische Wurzeln, etwa in der Calle Jon de Jamel. Hier heben sich Symbole wie Fischgräten oder Augen von dunkleren Quadraten. Auch die höhere Kunst bevorzugt oft abstrakte Entwürfe, und die afro-kubanische Mythologie und Folklore spielen bei jüngeren Künstlern eine wichtige Rolle.*

76 Mitte links *Mit der schrittweisen Einführung des Freihandels ist Habana Vieja zu einer Art kubanischem Suk geworden, an dessen Ständen man alles findet. Die Plaza de Armas, der älteste Platz der Stadt, lockt die Menschen heute wieder auf einen Markt, auf dem vor allem Bilder, Plakate und alte Bücher angeboten werden.*

76 Mitte rechts *Zeugnisse eines faszinierenden Kapitels in Kubas Geschichte zeigt das Museo de Arte Colonial. Es befindet sich im Palacio de los Condes de Casa Bayona in der Calle San Ignacio an der Plaza de la Catedral. Seine reiche Sammlung an Möbeln, Lüstern, Gläsern und Keramiken stammt aus den Palästen der Kolonialaristokratie des 17. bis 19. Jahrhunderts.*

76 unten *Das Fischerdorf Cojimar, das etwa 10 Kilometer östlich von Havanna an der Küste liegt, verdankt seinen Ruhm Ernest Hemingway, der hier gern weilte und ein Haus kaufte. Die Finca La Vigìa ist heute Besuchern zugänglich. Hemingways „Der Alte Mann und das Meer" wurde von Erzählungen der Fischer inspiriert, von denen einige später behaupteten, selbst der Held des Buches zu sein.*

76–77 Die Calle Obispo in Habana Vieja gehört zur klassischen Route jener, die Hemingway und den Rum schätzen, da sich hier im Haus Nr. 557 das berühmte „El Floridita“ befindet, jenes Restaurant mit Bar, in der der Schriftsteller seinen Daiquiri genoss. Viele alte Häuser dieser Straße mit ihren Balkonen wurden renoviert und traditionell in Blau, Rosa, Grün und Gelb gestrichen.

78 oben *Von den Bastionen blickt man auf den Innenhof des Castillo de le Fuerza, das den kanalartigen Flaschenhals der Hafeneinfahrt kontrolliert. In der Ferne ist das aus örtlichen Stein erbaute Castillo del Morro zu erkennen. Das Castillo de le Fuerza ist die älteste Festung Amerikas. Erbaut zwischen 1558 und 1634, war es Residenz der Gouverneure und Generalkapitäne, die die Kolonie regierten.*

78 Mitte oben *Die düster wirkende Fortaleza de San Carlos de la Cabana wurde von 1764 bis 1774 unmittelbar nach dem Ende der britischen Besetzung Havannas erbaut. In den folgenden Jahrhunderten musste sie sich nie bewähren. In der Epoche der Diktatoren, die mit Castros Revolution endete, diente sie als Kerker. Seit ihrer Restaurierung beherbergt sie die Militärakademie.*

78 Mitte unten *Die Plaza de la Catedral ist ein schönes Beispiel kolonialer Barockarchitektur. Kurz nach 1700 begann man mit dem Bau, der erst gegen Ende des Jahrhunderts abgeschlossen war. An der Fassade ist der italienische Einfluss zu erkennen. Die Glocken der Türme werden liebevoll San Pedro und San Miguel genannt.*

78 unten *Zum monumentalen Komplex der Fortaleza de la Cabana, die auf einem Hügel östlich von Havanna die Hafenzufahrt kontrolliert, gehört auch diese kleine Kirche mit spätbarocken und klassizistischen Elementen.*

78–79 *Von Habana Vieja führt der Tunnel della Bahìa 14 m unter dem Meeresspiegel unter der Hafeneinfahrt hindurch. Er führt zum Castillo del Morro, einer auffällig unregelmäßigen Polygonalfestung, die zwischen 1589 und 1610 nach Plänen von Battista Antonelli entstand. Besondere Aufmerksamkeit verdienen die zwölf Kanonen, die die Namen der zwölf Apostel tragen. 1762 widerstand die Festung 44 Tage einer britischen Seeblockade.*

80–81 *Von der Mündung der engen Hafeneinfahrt aus zeigt der Malecòn seine ungezähmte Schönheit, wenn sich die Wellen an ihm brechen. An dieser Promenade, die sich bis nach Vedado erstreckt, steht auch das Denkmal, das an die Explosion der „USS Maine“ am 15. Februar 1898 erinnert. Dieses Ereignis diente Washington als Vorwand, Spanien den Krieg zu erklären.*

TRINIDAD, HISTORISCHE METROPOLE DER ZUCKERPRODUKTION

82–83 *Von der UNESCO zum Weltkulturerbe erklärt, bietet Trinidad malerische Szenarien: Pastellfarbene Häuser mit roten Dächern und enge Straßen führen zu winzigen Plätzen, die kleine Kirchen mit hohen Glockentürmen beherrschen.*

83 oben *Dieses Gebäude in Trinidad überragt die Plaza Mayor* (hinten links). *Sein grüner Patio ist mit Ziegeln aus Bremen gepflastert, die einst als Schiffsballast dienten. 1514 von Diego Velázquez gegründet, ist Trinidad nach Baracoa und Bayamo die drittälteste Stadt der Insel. Mehr als zwei Jahrhunderte Isolierung trugen dazu bei, ihren originalen Charakter und ihre Architektur zu bewahren.*

83 Mitte oben *Dieser hübsche Patio gehört zur einstigen Residenz der Familie Brunet, wohlhabender Zuckerrohrpflanzer, die ihr Geschäft nach Abschaffung der Sklaverei aufgaben und auswanderten. 1974 wurde das Haus zum Museo Romantico. Seine Räume, darunter die Küche, bergen Möbel, Gemälde und andere Objekte aus verschiedenen Palais der Aristokratie. Insgesamt bietet das Museum einen faszinierenden Einblick in das Alltagsleben der Kolonialzeit.*

83 Mitte unten *Einige Gebäude Trinidads harren ihrer Restaurierung. Man arbeitet eifrig an der Wiederherstellung des alten Stadtbildes mit warmen Pastelltönen (Gelb, Rosa, Blau und Grün) und von hölzernen „rejas“ oder schmiedeeisernen Gittern geschützten Fenstern. Durch sie kann man einen Blick auf Kassettendecken, mit Azulejos aus Sevilla geflieste Wände, den unvermeidlichen Schaukelstuhl und schattige Patios werfen.*

83 unten *Knapp 15 Kilometer vor Trinidad erhebt sich der merkwürdige Torre de Iznaga über die Zuckerrohrfelder, benannt nach einer örtlichen Familie, die ihn in eklektischem Stil erbauen ließ, um ihre Sklaven zu überwachen und an der Flucht zu hindern. In der Nähe liegen die Ruinen einer Farm und Reste der alten Eisenbahn.*

84 oben *Die runden Bogen über den Fenstern dieses Zimmers im Museo Romantico nennt man „abanicos" („Fächer"). Durch dieses genial einfache System lässt sich das Zimmer belüften und beliebig intensiv mit Licht versorgen.*

84 Mitte links *Ein anderer Raum im Museo Romantico. Vom einstigen Mobiliar und Inventar dieses Zimmers ist nichts erhalten; nach der Aufgabe des Hauses wurde alles zerstreut. Die heutige Kollektion hat der Stadthistoriker Carlos J. Zerquera aus Schenkungen und Stiftungen von Privatleuten zusammengestellt.*

84 Mitte rechts *Schaukelstühle aus Louisiana, Glas aus Frankreich und Deutschland und Bettvorhänge aus Kastilien – all das kann man im Museo Romantico in Zimmern mit Mahagonidecken bewundern.*

84 unten links *Dieses Foto aus einem Privathaus in Trinidad zeigt, in welchem an Kitsch grenzenden Stil man einst die Zimmer einrichtete.*

84 unten rechts *Der Palacio Cantero in Trinidad, Sitz des Museo de Historia Municipal, ist ein schönes Beispiel für die hiesigen Restaurierungsmaßnahmen. Das Foto zeigt die peinlich genau ausgeführten Wanddekorationen.*

84–85 *Wichtige Zeugnisse der Geschichte Trinidads sind der Nachwelt im Museo de Historia Municipal erhalten, das sich im 1810 bis 1812 erbauten Palacio Cantero in der Calle Bolivar befindet.*

TEATRO LA CARIDAD

SANTA CLARA, DAS LANDWIRTSCHAFTLICHE HERZ KUBAS

86–87 *Das gegen Ende des 17. Jahrhunderts gegründete Santa Clara, Hauptstadt der Provinz Villa Clara, erlebte durch den regionalen Zuckerrohranbau eine wirtschaftliche Blüte. Heute ist es ein Industrie- und Universitätszentrum. Auch in der Geschichte der Revolution spielt es eine bedeutende Rolle. Hier kam es 1958 zu schweren Kämpfen zwischen Batista-Truppen und Guerillas unter Che Guevara sowie dem berühmten Angriff auf den gepanzerten Militärzug der Regierung (Tren Blindado).*

87 oben *An der Plaza Vidal in Santa Clara erheben sich prächtige Gebäude aus den Jahrzehnten um 1900. Darunter befinden sich die „Casa de la Trova", das Hotel „Santa Clara Libre" (dessen Fassade Einschüsse aus den Gefechten von 1958 zeigt), das Museum für Kunstgewerbe und das Caridad-Theater, das die wohlhabende Familie Abreu für weniger glückliche Mitbürger stiftete. 1879 schenkte diese Familie Santa Clara auch sein erstes öffentliches Krankenhaus und eine Volksschule.*

87 unten *Die südlich des Zentrums von Santa Clara gelegene Plaza de la Revolución wird beherrscht von einer großen Bronzestatue Che Guevaras im Kampfanzug über der Inschrift „Hasta la victoria siempre". Im nahe gelegenen Museum sind Karten, Uniformen, Dokumente, Waffen und die primitive Funkausrüstung des Senders Radio Rebelde ausgestellt. Radio Rebelde sendete von Che Guevaras Basis bei La Mesa in der Sierra del Escambray.*

Galeria
Oriente

SANTIAGO, WIEGE DER REVOLUTION

88–89 *Santiago de Cuba gilt als die karibischste und exotischste Stadt der Insel, bevölkert von den verschiedensten Ethnien. Im 18. Jahrhundert flohen viele Haitianer – Weiße und Schwarze – von ihrer Insel, um hier Zuflucht zu suchen. Die zweitgrößte Stadt Kubas ist für ihre Kolonialarchitektur berühmt, die auch das Foto zeigt. 1514 von den Spaniern gegründet, war sie bis 1549 die Hauptstadt Kubas.*

89 oben *Über den Steilklippen südlich der Stadt erhebt sich das von dem italienischen Architekten Antonelli entworfene und 1710 erbaute Castillo del Morro. Nach wechselhaften Schicksalen diente das mächtige, düstere Bauwerk als Übergangsquartier für Plantagensklaven und als Gefängnis. Man erreicht es über eine Zugbrücke. Das Museum in der Festung gibt Einblicke indie Piraterie im Wandel der Zeiten.*

89 Mitte oben *Das Castillo del Morro ist ein idealer Aussichtspunkt über die Karibik, die Ausläufer der Sierra Maestra und die Insel Cayo Granma. Die winzige Insel war einst nach ihrem Eigentümer, dem britischen Sklavenhändler Smith benannt. Heute trägt sie den Namen des Bootes, das Castro und seine Anhänger 1956 nach Kuba brachte.*

89 Mitte unten *Die zwischen 1516 und 1530 am Parque Céspedes erbaute Casa de Vélazquez war früher der Sitz des Gouverneurs, der das Erdgeschoss als Amtsräume und die erste Etage als Privatwohnung nutzte. Kurzzeitig Hotel, wurde es schließlich zum Museo de Arte Colonial mit Gobelins, Gemälden, Möbeln und Keramiken, die die Spanier nach Kuba brachten. Zum Patio mit seinen blauen Wänden öffnen sich weiße Flügeltüren, über denen sich bunt verglaste Fächerfenster („abanicos“) befinden.*

89 unten *Dieser rote US-Straßenkreuzer der 1950er-Jahre ist einer von Tausenden (Buicks, Packards, Chevrolets, Chryslers, Studebakers, Hudsons, Edsels und Fords), die noch immer auf Kubas Straßen verkehren, gebaut zu einer Zeit, in der Autos noch halten mussten. Fidel Castro pflegte auf seinen Fahrten einen luxuriösen Oldsmobile zu benutzen. Che Guevaras Chevy steht im Oldtimermuseum von Havanna.*

Cojimar und seine Schwestern

90 oben *Das 1512 von Diego Vélazquez gegründete Baracoa ist die älteste Stadt Kubas. Hier landete Kolumbus am 27. Oktober 1492. Dank seiner Lage abseits der Handelswege sind Baracoas Barock- und Kolonialbauten intakt geblieben; die Kathedrale geht bis auf das Gründungsjahr zurück. Der Berg El Yunque, den dichter Wald überzieht, beherrscht die Stadt. In der Nähe machte man bedeutende präkolumbische Funde.*

90 Mitte oben *Camagüey ist das Zentrum einer wohlhabenden Zuckerrohr- und Viehzuchtregion. Es rühmt sich wichtiger Barockbauten, darunter die Kathedrale, die Kirche Nuestra Señora de la Soledad und das heutige Gerichtsgebäude. Für ein besonderes Kolorit sorgen in seinen Straßen die „tinajones“, die einst zum Auffangen des Regenwassers dienten. Die Stadt hat zwei Museen: das Revolutionsmuseum in der Casa de Ignacio Agramonte und ein weiteres in der Casa de Jesus Suarez Gayol.*

90 Mitte unten *Das etwa 10 Kilometer von Havanna entfernte Fischerdorf Cojimar lieferte Ernest Hemingway Anregungen für „Der alte Mann und das Meer“. Aus Dankbarkeit errichteten die Einwohner ihm ein neoklassizisti-sches Denkmal. Die Büste besteht aus dem Metall von Fischerbootmotoren. Gegenüber erhebt sich ein spanisches Fort, das heute als Kaserne dient.*

90 unten *Ein riesiges Plakat preist die Revolution am Eingang zum Dorf Playa Giron an der Bahìa de Cochinos, jener „Schweinebucht“, in der 1 500 vom CIA ausgebildete Konterrevolutionäre 1961 eine erfolglose Invasion starteten. An diese wichtige Episode in Kubas jüngster Geschichte erinnern 80 beschriftete Steine an der Straße zwischen den beiden Orten und ein kleines Museum mit einer Sammlung von Dokumenten, Fotos, Waffen und anderen Objekten.*

90–91 *Die ersten Siedler kamen im 19. Jahrhundert nach Cienfuegos, als ein französischer Aristokrat aus New Orleans einige Einwohner von Bordeaux zum Auswandern überredete. Cienfuegos – heute eine blühende Industriestadt – ist nach einem General benannt (früher hieß der Ort Fernandina de Jagua).*

Varadero, alias Miami

92 oben links *Die Pools der Hotels von Varadero – wie jener im Hotel „Melía" – bieten Luxus, den man eher mit Hollywood verbindet: beheiztes Wasser für die kühleren Frühlings- und Herbsttage, kleine Wasserfälle und sogar Wellen. An den schwimmenden Bars kann man köstliche Cocktails mit Rum genießen wie Mojito oder Daiquiri, während man sich im Pool entspannt.*

92 oben rechts *Die kubanischen Touristenhotels außerhalb von Varadero zeigen oft ein gemeinsames architektonisches Merkmal: einen hohen Zentralturm mit einem von Korridoren und Zimmern umgebenen Patio. Die Außenwände sind völlig mit Ampelpflanzen überzogen, und das sanfte Rauschen von Wasserfällen erhöht den Reiz des Ambientes. Vervollständigt wird das grüne Bild durch die in der Lobby gepflanzten Bäume und Blumen.*

92 unten *Der Golfplatz von Varadero stammt aus vorrevolutionärer Zeit, als Investoren bereits den Wert von Touristenzentren mit Sportanlagen erkannt hatten. Heute bietet Varadero sämtliche Freizeitaktivitäten: Wassersport, Reiten und Fahrräder für Ausflüge zu entlegeneren Stränden, fernab der Massen, die sich vor den Hotels zusammendrängen.*

92–93 *Aus der Ferne wirkt das Hotel „Melía" fast wie eine aztekische Pyramide. In den 1930er-Jahren vom US-Millionär Dupont entdeckt, ist der berühmte Urlaubsort Varadero in der Provinz Matanzas heute ein beliebtes Ziel von Pauschaltouristen, das alle Annehmlichkeiten bietet: Mega-Hotels und Luxusvillen, herrliche Strände und riesige Pools, Restaurants und Sportanlagen sowie ein Nachtleben, das keine Wünsche offen lässt.*

Ein Fest der Völker

94 oben *Die Fertigung von Zigarren ist Sache geschickter Arbeiter. Das Hüllblatt wird von dem feuchten Tuch gelöst, unter dem es liegt, und auf dem Tisch ausgebreitet. Nach der Begradigungen der Kanten wird es sorgfältig abgerollt, mit dem Lineal vermessen und mit den Füllblättern versehen. So entsteht die Röhre. Anfang und Ende werden separat gefertigt und mit Spezialgummi angeklebt.*

94 unten *Auf Kuba feiert man mehrmals im Jahr Karneval. Den traditionellen Anlass bietet das Ende der sommerlichen Zuckerrohrernte (meist im Juli). Den Feriengästen zuliebe feiert man heute allerdings zusätzlich an den internationalen tollen Tagen, also im Januar beziehungsweise Februar – vor allem in den Orten, in denen der Tourismus eine wichtige Rolle spielt.*

95 *In den unwegsamen Regionen der Sierra del Escambray ist das Pferd immer noch das beste Verkehrsmittel. Auch den Bauern ist es eine große Hilfe. Dieses Foto von Mann und Ross entstand unweit des Dorfes Manicaragua, in dem Straßen nach Trinidad, Sancti Spiritus und zum Hanabanilla-Stausee abzweigen. Das zu einem riesigen See aufgestaute Wasser des Hanabanilla ist ein beliebtes Reiseziel.*

96–97 *Vor der Kulisse des Castillo de Morro an eine Mauer gelehnt, lächelt diese Kubanerin im Schein der Abendsonne in die Kamera. Ihr Outfit mit Turban, Halskette, Armreifen und Ohrringen kann ebenso gut Alltagstracht wie Sonntagsstaat sein. Die Kubaner haben große Achtung vor diesen Frauen, die oftmals mit Opfermut und Würde sechs bis acht Kinder großgezogen haben.*

97 *Der Santeríakult gehört zu den Mysterien Kubas. Er ist eine synkretistische Religion, die vor allem Katholizismus und afrikanische Elemente verbindet. Sie entstand, um den Verfolgungen und Anklagen zu entgehen, denen man sich durch öffentliche Verehrung der afrikanischen Götter („orichas“) aussetzte. Das Foto zeigt eine Priesterin im typisch weißen Gewand.*

Ein Tag im „Zuckerland“

98 oben *In einem vor allem für Tabak und Zuckerrohr berühmten Land überraschen Bilder wie dieses: Die Bananenplantagen mögen nicht besonders groß sein, doch sie produzieren erstklassige Früchte.*

98 Mitte links *Zuckerrohr wurde früher ausschließlich mit der Machete geschnitten. Auch heute ist dieser Vorgang erst teilweise mechanisiert: Maschinen schneiden und bündeln das Rohr, das anschließend auf große Lastwagen verladen wird wie hier in Holguín.*

98 Mitte rechts *Diese Bauernhütte in der Provinz Villa Clara dient zum Lagern der Ernte. Sie erinnert an die Behausungen der von den Konquistadoren ausgerotteten präkolumbischen Indianer. Man schätzt die Urbevölkerung auf 100 000 Seelen. Die Siboney und Guanahatabey waren nomadisierende Jäger und Fischer, die Taino hingegen sesshafte Ackerbauern.*

98 unten *Wenn die Tabakblätter pflückreif sind, wird es für die Vaqueros von Pinar del Río Zeit, ans Werk zugehen. Es sieht einfach aus, doch der Tabakanbau ist arbeitsintensiv, und die Pflanze erfordert so viel Fürsorge wie ein Weinstock. Die Aussaat beginnt im November und dauert bis Februar. Die Blätter werden innerhalb von drei bis vier Monaten alle fünf oder sechs Tage geerntet. Nach der Ernte muss der Boden brachliegen.*

98–99 *Die Provinz Matanzas repräsentiert für viele Menschen das wahre Kuba, auch wegen ihrer vielen Facetten: Tourismus (Varadero), Ölraffinerien (Càrdenas), Zuckerproduktion (Puerto Rico Libre), traumhafte Natur (Parque Natural de la Ciénaga de Zapata und Cueva de Bellamar) und Geschichte (Schauplätze des Unabhängigkeitskrieges). Der Ackerbau ist hier das Rückgrat der Wirtschaft. Reisende werden von den Bauern, die auf den Feldern arbeiten, oft mit einem Winken begrüßt.*

100 oben *Die Provinz Matanzas verdankt ihren Reichtum drei Pflanzen: Zuckerrohr, Tabak und Kaffee. Technisch hat sich hier seit Jahrhunderten wenig geändert. Maschinen konnten die Handarbeit kaum verdrängen. Auch der Transport erfolgt oft noch mit von Pferden und anderen Tieren gezogenen Karren. Der Arbeitsrhythmus ist hier so gemächlich wie im Westen vor der industriellen Revolution.*

100 Mitte *Noch heute misst man das Land in der Gegend von Viñales nicht in Hektar, sondern in „caballerias", der Entfernung, die ein Pferd in einer bestimmten Zeit zurücklegen kann. Die meisten Bauern bewirtschaften ihre riesigen Felder mit Pferden.*

100 unten *Menschen haben oft ein besonderes Verhältnis zu den Tieren, die ihnen bei Arbeit und Transport behilflich sind. Vor allem in den entlegenen Regionen der Sierra del Escambray, wo es statt Autobahnen nur Pfade und staubige Straßen gibt, ist das Pferd ein unersetzlicher, unermüdlicher und klagloser Helfer.*

100–101 *Unmittelbar nach dem Pflücken werden die noch feuchten Tabakblätter in den Trockenhäusern über Querstangen gehängt, wo sie mehrere Monate reifen. Diese schindelgedeckten Holzhütten haben keine Fenster, sodass ihr Inneres stockdunkel bleibt. In Kuba sind Zigarren eine willkommene Aufmerksamkeit, vor allem wenn man sie nach Tisch anbietet. Man kennt sie unter ihren Markennamen; der Begriff „Havanna" ist nur außerhalb Kubas gebräuchlich.*

102–103 *Anders als der Touristenort Varadero ist das Innere von Matanzas noch Grenzland, wo die Vaqueros auf Pferden mit prächtigem Zaumzeug reiten. Üppige Weiden und ein günstiges Klima machen die Region ideal für die Viehzucht. In der zweiten Hälfte des 19. Jahrhunderts zählte die Provinz schon zu den fruchtbarsten ganz Kubas, die unter anderem 50 Prozent zur Zuckerproduktion beisteuerte.*

104–105 *Die Ranchos der Provinz Sancti Spiritus erinnern an den Wilden Westen. Man baut in Kuba zwar vor allem Zuckerrohr und Tabak an, doch auch die Viehzucht ist von wirtschaftlicher Bedeutung. Pferde werden als Reittiere gezüchtet. Der ländliche Charakter der Provinz zeigt sich auch darin, dass man in der Hauptstadt selbst Campesinos hoch zu Ross sieht.*

PELEA
ARA,
CR.PCC

Zigarren, Blumen und karibische Schönheiten

106 oben *Eine „tabacalera“ an ihrem Arbeitstisch (Region Viñales). Charakteristisch für die Tabakfabriken sind die Vorleser, Arbeiter, die während der Arbeitszeit laut Geschichten und Gedichte vorlesen – zweifellos ein großer Erfolg der Gewerkschaften. Heute hat sie allerdings weitgehend das Radio abgelöst. Doch in vielen Fabriken liest noch immer jeden Morgen ein Arbeiter laut die Zeitung vor.*

106 unten *Ob es an der milden, duftenden Tropenluft oder an ihrer natürlichen Veranlagung liegt – auf Kuba sind die Mädchen ausnehmend fröhlich und freundlich. Von früher Jugend an sind sie an Schulgruppen und die Teilnahme an öffentlichen Veranstaltungen gewöhnt und so beizeiten für ein selbstständiges Leben gerüstet.*

107 oben *Die überwiegende Mehrheit der 10 Millionen Kubaner sind Mestizos, knapp ein Drittel Weiße, der Rest hingegen eine typisch karibische Mischung afro-europäischer Ethnien. Auch die Kultur der Insel ist stark vom Schwarzen Kontinent beeinflusst. Wie auf den meisten Inseln der Antillen und in Brasilien sind halbreligiöse afrikanische Riten lebendig geblieben, die sich mit dem Katholizismus zu Mischformen wie der Santería verbanden, der die Frauen auf dem Foto huldigen.*

107 unten *Dieser Mann aus der Provinz Ciego de Avila verkauft Sonnenblumen. Solch ein Anblick wäre vor wenigen Jahren undenkbar gewesen, da das Regime keine privaten Geschäfte erlaubte. Inzwischen haben sich die Zeiten jedoch grundlegend geändert.*

Karibische Traditionen, amerikanische Mode

108–109 *Havannas berühmtes „El Floridita“ ist ein Luxusrestaurant mit Bar, einer der bevorzugten Aufenthaltsorte von Ernest Hemingway (am Stammplatz des Schriftstellers steht seine Büste). 1953 bezeichnete das Magazin „Esquire“ das Restaurant als einen der schönsten Plätze der Welt. Vielleicht sah es damals ein wenig anders aus – doch selbst wenn sein einstiger Charme mit dem letzten Umbau verschwunden ist, serviert man immer noch vorzügliches Essen und mixt perfekte Daiquiris.*

109 oben *Die „Casa de la Trova“ von Santiago de Cuba existiert seit dem 18. Jahrhundert. Hier versammeln sich Musikfreunde, um tagsüber und am Abend Solisten und Ensembles zu lauschen. Es treten Gitarristen und Schlagzeuger auf – Profis wie Amateure. Schwingtüren im Saloonstil, Poster und Fotos an den Wänden sowie das liebenswert-boheme Flair machen das Haus abends zu einem angenehmen Aufenthaltsort.*

109 Mitte *Bands wie diese, die vor allem Saiten- und Schlaginstrumente spielen, sind in Trinidad und anderen Städten der Insel ein vertrauter Anblick. In Trinidad spielen sie in der „Casa de la Trova“ (wo die Musik gehobenen Ansprüchen genügt) und im „Canchànchara“, einer beliebten Touristenbar.*

109 unten *In Santiago de Cuba, aber auch in Havanna und andernorts auf der Insel, sieht man auf den Straßen US-Oldtimer aus den 1950er-Jahren mit aerodynamischer Karosserie und in kühnen Farben. Was heute wie ein interessanter Zug der Stadtlandschaft anmutet, wurde in den schweren Jahren nach der Revolution aus der Not geboren.*

TROPICANA

MUSIK, RUM UND FRÖHLICHKEIT

110 oben *Das Publikum des „Tropicana" – allnächtlich 1 400 Menschen – sitzt an Tischen, die die Bühne an drei Seiten umgeben. Bildschöne Showgirls tanzen, vollführen akrobatische Kunststücke und schwingen in einem Meer von Straußenfedern zur Musik eines 20-Mann-Orchesters an Trapezen.*

110 unten *Das „Tropicana" öffnete 1939 seine Pforten. Seither hat sich – abgesehen von Roulette- und Blackjack-Tischen – wenig geändert.*

110–111 *Allabendlich beginnen in Havanna die fantastischen Darbietungen des „Tropicana", die größtenteils im Freien stattfinden, in einem von tropischen Bäumen gesäumten Amphitheater.*

111 *Kapellen, Sänger und Varietees prägen Havannas Nachtleben, das man zum Beispiel im Café „Havana" genießen kann.*

112–113 *Ein berühmtes Restaurant von Havanna ist die „Bodeguita del Medio". Ernest Hemingway soll gesagt haben: „Meinen Daiquiri im Floridita, meinen Mojito in der Bodeguita." 1924 in einem Lebensmittelgeschäft gegründet, wurde die „Bodeguita del Medio" bald zu einem Restaurant mit Bar, in dem Schriftsteller wie Alejo Carpentier und Nicolàs Guillèn verkehrten.*

JOEY Y PAUL
LA BODEG

EN LA B. DEL M.
Las Palomas
NICOLAS GUILLEN
OBRA POETICA
1920-1972
LA BODEGUITA DEL MEDIO
R.C.D.
Athletic
elf
arte
tve

Leidenschaft, Fantasie und ein Hauch von Pietät

114 *Die Kubaner interessieren sich brennend für Fotografie, und sie nutzen jeden Anlass für ein Foto. Dieser Porträtfotograf wartet auf Kundschaft.*

114–115 *Feuerschlucker, Akrobaten, Jongleure, Souvenirverkäufer ... bereits nach wenigen Jahren ähnelt Havanna in mancher Hinsicht anderen Städten der Welt. Verschwunden sind die gewaltigen Unterschiede, die es im Westen einzigartig machten. Das kubanische Experiment wird dennoch für alle heutigen und künftigen Besucher der Insel eine wichtige Lehre bleiben.*

115 oben *Mit dem Christentum ist die Santería erstarkt und hat neue Anhänger gewonnen, so genannte „yoruba" in weißen Gewändern. Santería ist im Kern eine Mischung aus Katholizismus und afrikanischem Volksglauben und schützte einst jene, die öffentlich den „orichas" (afrikanischen Gottheiten) huldigten, vor Verfolgung und Anklagen wegen Häresie.*

115 unten *Lange Jahre galt Religion auf Kuba als unbequemes Problem. Öffentliche Gottesdienste waren verboten. Als sich der Wechsel abzeichnete, lebte der Glaube der Menschen langsam wieder auf, der Papstbesuch spielte dabei eine wichtige Rolle. Diese Frau aus Trinidad ist froh, ihre Marienstatue wieder aufstellen zu dürfen.*

Mensajero
del Amor
y la Esperanza
¡TE ESPERAMOS!
CUBA, 21 AL 25 DE ENERO 1998

116–117 *Der Papstbesuch hat in den Herzen der Kubaner Spuren hinter-0 lassen. In Havannas Calle Jon de Jamel blickt eine Frau hinter der roten Haustür hervor, an der ihre Familie ein Poster Johannes Pauls II. befestigt hat.*

117 links *Die Stars and Stripes sind zu einem Dämon geworden, den es auszutreiben gilt, indem man sie augenfällig als Kleidung trägt. Diese junge Frau flaniert über die Plaza de Armas, wo man auf dem vor wenigen Jahren eingerichteten Markt Bücher und Gemälde findet.*

117 oben rechts *Eine Mauer in der Calle Jon de Jamel: Sie ist mit roten und blauen Streifen sowie bizarren gelbgrünen Feldern dekoriert, die ein öffentliches Telefon einrahmen. Die auffällige Farbkombination verrät viel Geschick und zeugt von der künstlerischen Begabung der Jugend Kubas.*

117 Mitte rechts *Havannas Calle Jon de Jamel ist ein Freilichtmuseum, in dem Amateurkünstler Fantasie und Talent freien Lauf lassen – oft mit beachtlichen Ergebnissen. Die Fassadenmalereien sind eine Verschmelzung ikonographischer Verweise auf afro-kubanische Symbole, Comics und Videospiele.*

117 unten rechts *Auch in Santiago de Cuba verkaufen Künstler ihre Werke heute auf offener Straße. Ihr Stil ist oft naiv: Landschaften, Tiere und Porträts unbekannter oder historischer Personen sind mit kräftigen Strichen und in den kühnen Farben der Natur Kubas wiedergegeben.*

118 *Die jungen Kubaner sind Sportfans und Athleten, vor allem jedoch Studenten. Sie sind versessen auf Sport und treten in die Fußstapfen bedeutender Champions. Sie lieben ihre Insel, halten sich jedoch über wichtige Ereignisse in der Welt auf dem Laufenden. Ebenso lieben sie Volksmusik, ziehen jedoch Rock and Roll und vor allem Jazz vor, wenn auch in einer den Vorlieben und dem Geschmack der Insel angepassten Art und Weise.*

119 *Baseball ist die größte Leidenschaft jüngerer Knaben. In allen Stadien der Insel hängen unübersehbar Plakate mit Fidel Castros Slogan „Das Volk hat ein Recht auf Sport!". Alljährlich nehmen fast 100 000 Grundschüler an Sportwettkämpfen, die die Schulen untereinander austragen teil. Die Besten werden eingeladen, sich bei höheren Schulen für sportlich hochbegabte Jugendliche zu bewerben.*

KARNEVAL

120–121 *Die Karnevalsparade von Havanna mit Festwagen und ko-0 stümierten Menschen heißt „desfile". Der Karneval findet jedes Jahr in der zweiten Julihälfte statt und dauert zehn Tage und zehn Nächte, in denen es noch heißer hergeht.*

121 links *Die Bürgersteige und Balkone der Häuser am Malecón füllen sich rasch mit Familien, die dem lang erwarteten Festzug beiwohnen möchten. Havannas Karneval ist zwar sehenswert, er zieht jedoch nicht solche Massen an wie jener von Santiago de Cuba, der die ganze Stadt erfasst.*

121 rechts *Pausenlos tanzen die Zugteilnehmer mit unerschöpflicher Energie und Begeisterung, aber auch die Zuschauer lassen sich von der Ausgelassenheit anstecken. Bis tief in die Nacht feiert man in den Klubs und Bars der Stadt. Der Zug der Festwagen setzt sich am späten Nachmittag in Bewegung, zieht den gesperrten Malecón entlang, passiert die Hotels „Riviera" und „Nacional" und kehrt dann zurück. Entlang der Route sind Zuschauertribünen aufgebaut; hinzu kommen improvisierte Imbissstände, Bars, Tanzflächen und Bierverkäufer.*

122–123 *Die grellen Farben und extravaganten Schnitte der Kostüme sind wie die Tanzschritte und die neusten Rhythmen der Kapellen ein wichtiger Aspekt des Karnevals und tragen erheblich zum allgemeinen Erfolg der Veranstaltung bei.*

Paradies aus Sonne, Meer und Strand

124–125 Auf Kuba kann man zu Pferd am Strand entlangreiten. Der feine weiße Sand reflektiert das Sonnenlicht unter dem fast immer wolkenlosen Himmel. Pferde kann man überall mieten, und ein gemütlicher Ritt an den schönsten Stränden der Welt erfordert keine große Übung.

125 *Zwei Sonnenanbeterinnen entspannen sich am Meeresstrand. Die Wellen liebkosen ihren Körper, während die Sonne ihre Haut bräunt. In Kuba nennt man das „tomar el sol".*

126–127 *Anstrengender, aber auch abenteuerlicher ist das Windsurfen. Eine sanft bewegte, aber keineswegs unruhige See, angenehme Wassertemperaturen und eine strahlende Sonne – perfekte Voraussetzungen für alle Urlauber, die den Ozean auf dem Surfbrett erobern wollen.*

128 *US-Autos aus den 1950er-Jahren sind auf Kuba keine Seltenheit. Die Revolution machte sie zu einem dauerhaften Bestandteil des Stadtbildes. Viele funktionieren noch, während andere mit einem Motorschaden liegen geblieben sind. Ihre liebevoll aufpolierten Karosserien bieten immer noch einen prächtigen Anblick. Oft kommen sie bei Hochzeiten zum Einsatz.*

Free ride
BIC Sport

Fotos: Antonio Attini/Archivio
White Star

Karte: Cristina Franco